EL DIARIO DEL MESONERO

Un clásico de Navidad

Raymond McHenry

Ilustrado por
Matthew Chandler

Words...

INTERNATIONAL

Ilustración de cubierta: Loyd Fannin
Traductora al español: Alicia Zorzoli
Revisores en español: Gustavo y Kathryn Forastiere, Michi Gafford

Softcover ISBN: 978-1-7327180-3-6

Impreso en U. S. A.

A Jesucristo,

quien vino para darnos la vida tal como Dios la diseñó.

De parte del autor

El *Diario del Mesonero* es un relato imaginario que ofrece una perspectiva fresca acerca de la Navidad. Es una historia semejante a una parábola llena de oportunidades para la madurez y el crecimiento espiritual.

La Biblia relata en Lucas 2:7 que "no había lugar para ellos en el mesón" donde María y José trataron de quedarse la noche en que nació Jesús. Desde esa brevísima pieza de información innumerables dramas de Navidad incluyen a un mesonero anónimo que repite esas palabras memorables: "¡No hay lugar!".

Este relato ficticio se basa en la frase histórica de Lucas e imagina lo que podría haber pasado si la historia del mesonero hubiera continuado mucho más allá de aquella inolvidable noche en Belén. ¿Qué si toda la vida de este mesonero fue afectada más de lo que jamás nos imaginamos?

Por lo general recordamos los detalles básicos del nacimiento de Jesús, pero esa familiaridad general puede llegar a impedir nuestra comprensión de todo el significado de la Navidad. El personaje del mesonero, "Jedidías", nos recuerda la razón por la que Jesús vino a la tierra.

Dado que esta historia une hechos y ficción, he incluido mis notas personales al final de este libro para ayudar a guiar al lector. Esa sección ofrece más información respecto a las referencias bíblicas incluidas a lo largo de la historia y deben facilitar su lectura y estudio posteriores. También contiene preguntas de discusión para usar con su familia y/o en grupos pequeños.

El registro completo de lo que sucedió cuando nació Jesús se puede encontrar en los libros de Mateo y Lucas en el Nuevo Testamento. Sugiero leer los primeros dos capítulos de ambos libros como parte de su tradición navideña.

Esta historia realmente me inspiró a medida que la escribía. Y espero que le inspire a usted a medida que la lee.

Con gratitud,
Raymond

Introducción

¿Qué si la historia del mesonero continuara hasta mucho después de aquella noche inolvidable en Belén cuando rechazó a José y a María? ¿Qué si su experiencia con Jesús nos ayudara a entender mejor el verdadero significado de la Navidad?

El Diario del Mesonero le lleva a un viaje lleno de sorpresas y asombro a través de la vida de un hombre que tiene para decirnos mucho más que "no hay lugar en el mesón".

Su lectura solo toma diez minutos, pero esta breve historia puede cambiar permanentemente la manera en que usted vea la Navidad.

EL DIARIO DEL MESONERO

Mi nombre es Jedidías, que significa *amado por el Señor*, y eso es una parte importante de esta historia. Me pusieron el nombre del hijo favorito del rey David porque nuestra familia vivió en Belén por generaciones, y esta ciudad tiene una conexión muy fuerte con ese poderoso líder de Israel.

En realidad yo no estoy mencionado en la Biblia. El doctor Lucas simplemente dijo que nosotros no teníamos lugar en el mesón para María y José. Casi toda la gente piensa que yo soy una nota inhumana en la historia pero eso no es totalmente cierto; de modo que gracias por darle otra mirada a mi historia.

Hace unos cuarenta años me hice cargo del mesón de mi padre. Ninguno de mis otros hermanos quería ser el mesonero de la aldea, de modo que se mudaron unas millas al norte, a la gran ciudad de Jerusalén, y me dejaron a mí con el negocio familiar.

Cuando uno vive en una aldea pequeña como la nuestra, el encargarse del mesón no produce mucho dinero. Cuando la gente viene de visita casi siempre se quedan con familiares, así que es duro sostenerse con este trabajo.

Cuando Augusto César promulgó su decreto de que se hiciera un censo en todo el mundo empecé a ver unas buenas posibilidades financieras. Belén ya tenía 1.300 años de existencia así que mucha gente tenía raíces familiares profundas aquí. Y así fue; la aldea se colmó rápidamente. De hecho, fue la primera vez que nuestro mesón estuvo completamente lleno.

Como era de esperar, yo estaba muy ocupado y preocupado. Debía asegurarme de que todos tuvieran un lugar donde quedarse, tenía que cobrar los pagos por el hospedaje, y había que guardar muy bien la bolsa porque nunca había visto tanto dinero.

Todo marchaba muy bien hasta que apareció esa pareja de Nazaret. Me sentí mal porque no quedaba ningún lugar decente para una mujer embarazada, pero estábamos completamente llenos y yo estaba agotado. Generalmente los mesoneros somos bastante hospitalarios, pero esa noche lo único que yo quería era arrastrarme hasta la cama y dormir.

Bueno, yo sé lo que usted está pensando: "¿Por qué no les permitiste quedarse en tu casa?". La cosa es que mi casa ya estaba repleta con todos los parientes que habían llegado y, además de eso mi esposa, Rut, estaba embarazada. Era al principio de su embarazo y estaba casi todo el tiempo descompuesta. Yo no podía ocuparme de ningún otro huésped en nuestra pequeña cabaña, de modo que les di el único lugar disponible: el establo. Me aseguré de que tuvieran todo lo que necesitaban y me fui a dormir.

Obviamente usted sabe lo que pasó. Por supuesto, ella tuvo su bebé justo allí en el establo. Pero nunca se quejó. Su esposo, José, era alguien muy creativo. No tenían nada que se pareciera a una cuna, de modo que él limpió bien el pesebre, le puso paja fresca y acostó allí a su hijo. Me impresionó mucho su creatividad.

Muy tarde esa noche empezaron a ocurrir cosas extrañas. El cielo se volvió increíblemente brillante con una estrella maravillosa, y se podía oír una música absolutamente celestial. Como a la medianoche aparecieron corriendo unos pastores asegurando que un ángel les había dicho que ese bebé era el Hijo de Dios. Normalmente uno no les cree mucho a los pastores, pero lo que estaban diciendo era muy convincente. También escuchamos que había unos sabios del oriente que venían en camino para adorar a este niño que estaba ahí afuera en mi establo.

Todo fue muy extraño. Me preguntaba si realmente estaba sucediendo. ¿Podía ser que se estuviera cumpliendo la profecía de Miqueas? ¿De verdad este era el Mesías? ¿Y literalmente había nacido detrás de mi casa? Eso era lo que yo esperé y creí por los siguientes dos años, hasta que todo cambió.

Hay días que uno nunca va a olvidar, y este fue uno de ellos. Se podía ver polvo en el horizonte cuando un centurión dirigió sus tropas hacia nuestra ciudad. Eso no era tremendamente fuera de lo común, pero parecían demasiados soldados para nuestra pequeña comunidad.

Cuando llegaron los soldados, nos ordenaron que todos fuéramos a la plaza de la ciudad. Otra vez, no era del todo extraño de modo que juntamos a nuestra familia y fuimos todos. Pensábamos que sería otra parte del censo o alguna nueva demanda de las que siempre nos hacía Roma.

Pero esta vez nos ordenaron que trajéramos a todos los varoncitos de dos años o menos. Esto sonaba raro, pero hicimos lo que nos mandaron.

Entonces, en un instante, sucedió. Mi Micaías y dos docenas de otros niños desaparecieron. Esos despreciables romanos terminaron brutalmente con sus vidas, y luego sencillamente se fueron.

Mi vida cambió totalmente en menos de veinte minutos. Muchas veces habíamos leído las palabras proféticas de Jeremías que hablaban de un dolor muy grande en la Ciudad de David, pero ninguno de nosotros jamás soñamos que íbamos a ser nosotros en Belén los que lloraríamos por nuestros niños y rechazaríamos ser consolados.

El nombre que le había puesto a mi hijo fue Micaías, como el de aquel valiente profeta del Antiguo Testamento que nunca tuvo temor de decir la verdad. Todos sabíamos que de Belén iba a volver a salir un gran gobernador, de modo que yo oraba pidiéndole a Dios que hiciera de Micaías un líder poderoso. Pero ahora… me encontré teniendo en mis brazos el cuerpo sin vida de mi hijito… envuelto en pañales… y depositándolo en una tumba cerca de nuestro establo.

Más tarde supimos que todo esto había sucedido porque Herodes tenía miedo de aquel niño que había nacido en nuestro mesón. Pero aquel bebé que había estado envuelto en pañales y acostado en un pesebre en mi establo ya no estaba aquí. Había dejado Belén hacía mucho tiempo. ¡Él no murió! ¡Pero mi Micaías sí!

En ese momento supe que Jesús no era el Mesías. Si hubiera sido no habría pasado esto. Siempre fui un hombre temeroso de Dios, pero nunca más. Ese día escribí en mi diario: *¡Hoy maldigo a Dios y me quiero morir!*

Después de ver lo que le pasó a mi único hijo entendí perfectamente lo que quiso decir la esposa de Job cuando vio todo el sufrimiento de su esposo y le gritó: "¡Maldice a Dios y muérete!". Me sentí como Noemí cuando regresó a Belén desde Moab después de haber perdido a su esposo y sus dos hijos. Ella les dijo a sus amigas que dejaran de llamarla Noemí y empezaran a llamarla Mara porque estaba amargada.

Ese era yo. Era un hombre amargado, y me mantuve así por treinta años. Rut y yo nunca tuvimos otro hijo, y creo que fue bastante raro que siguiéramos casados. Solo éramos dos personas vacías que parecíamos mejor estando juntas que separadas.

Después de tres décadas de una existencia miserable se encendió una luz muy pequeña en mi alma. Este rabí muy conocido se detuvo en mi mesón y me preguntó si podíamos hablar. Su nombre era Jesús y todos sabían de él. Hacía milagros y enseñaba como nadie nunca había escuchado antes. Me sentí honrado de que viniera a mi casa, pero honestamente no me interesaba que me hablaran de Dios.

Entonces me hizo una pregunta extraña. Quiso saber si podía ir a ver mi establo. Me pareció raro, pero ¿quién era yo para decirle a este gran maestro que no podía ver mi establo?

Cuando volvimos de verlo me contó una historia extraña pero familiar. Me explicó que él era el bebé que había nacido allí treinta y tres años atrás. Cuando oí esto sentí que algo cambiaba dentro de mí. Fue como si mi corazón se enterneciera por primera vez en décadas.

Él se fue y se dirigió hacia Jerusalén con ese fuego en los ojos y un profundo sentimiento de paz.

Poco después yo estaba en Jerusalén y vi algo que me hizo regresar a aquel día terrible en Belén. ¡Los romanos también lo mataron a él! Aquel pequeño rayo de esperanza de que él pudiera ser el Mesías se esfumó. Fue tan desolador como el día en que murió mi pequeño Micaías. La oscuridad de mi alma parecía abrumadora, hasta que escuché algo tan extraño como la noche cuando él nació.

La gente estaba afirmando que un ángel dijo que Jesús estaba vivo. Me costaba imaginar que fuera cierto porque yo lo vi morir, pero algo dentro de mí quería creerlo. Así que fui y encontré a sus discípulos. ¡Estaban asombrados! Todos hablaban al mismo tiempo, y no podían dejar de reírse. Por último, Pedro dijo: "Tomás, cuéntale tú". Tomás me explicó que él tampoco lo había creído, pero que entonces vio a Jesús y le tocó sus heridas. Tomás gritó: "¡ESTÁ VIVO!".

Pocas semanas después yo estaba con una multitud de unas 500 personas, lo que era más que todos los que viven en mi aldea, y Jesús estaba allí. Él realmente estaba vivo… ¡y todavía lo está!

Me arrodillé frente a Jesús y lo acepté como mi Señor y Salvador. Sus discípulos me bautizaron y luego regresé a casa y se lo conté a Rut. Por primera vez desde que habíamos perdido a Micaías la vi volver a la vida. Ella también recibió a Jesús como su Señor y, como fuimos los primeros creyentes en Belén, empezamos una iglesia allí. No fue en nuestra casa, como ocurre en la mayoría de las iglesias. Fue en nuestro establo. Sí, volvimos a aquel viejo establo y adoramos a Aquel que había nacido allí; Aquel a quien Isaías describió como Admirable, Consejero, Dios Fuerte, Padre Eterno, Príncipe de Paz.

Cada vez que regresamos allí a adorar a Dios pasamos por la tumba de nuestro pequeño Micaías. En vez de estar llenos de amargura y dolor como estábamos antes, ahora decimos en la Ciudad de David lo que dijo aquel gran rey después que su hijo murió: "Yo voy a él".

Justo después de que David dijo esas palabras la Biblia dice que pronto tuvo otro hijo. El profeta Natán anunció que su nombre iba a ser Jedidías porque les iba a recordar a David y a Betsabé que, aunque ellos habían pecado, Dios seguía amándolos. Para eso vino Jesús, para demostrarnos esa verdad a todos.

Probablemente usted recuerda a Jedidías como Salomón, y eso es bueno. El nombre Salomón viene de shalom, que quiere decir *paz*. Pero significa mucho más de lo que casi siempre pensamos. Shalom es la paz de Dios, y significa *vida tal como Dios la diseñó*. Jesús nació en mi establo para que usted y yo podamos experimentar la vida tal como Él la diseñó.

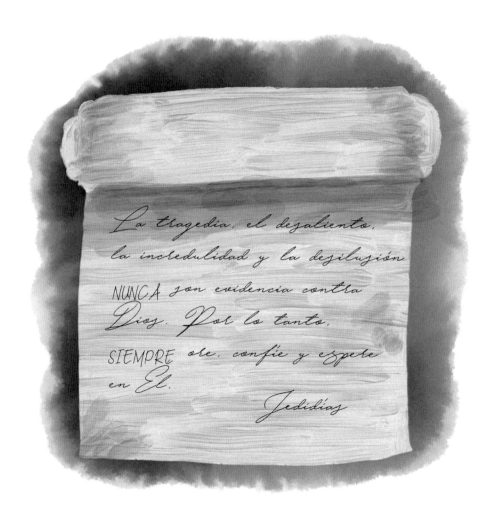

La tragedia, el desaliento,
la incredulidad y la desilusión
NUNCA son evidencia contra
Dios. Por lo tanto,
SIEMPRE ore, confíe y espere
en Él.

Jedidías

De modo que se lo dice mi diario y se lo digo yo. Esto es lo que escribí después de encontrar al Cristo resucitado:

La tragedia, el desaliento, la incredulidad y la desilusión NUNCA son evidencia contra Dios. Por lo tanto, SIEMPRE ore, confíe y espere en Él.

Gracias a Jesús yo estoy viviendo la vida tal como Dios la diseñó… ¡y también puede vivirla usted!

Cómo experimentar la vida tal como Dios la diseñó

Jedidías es un personaje ficticio en esta historia, pero representa lo que todos nosotros podemos experimentar con Dios. Si usted quiere tener una vida cambiada como la tuvo él, haga lo que dicen estas verdades de la Biblia.

★ **Dios le ama más de lo que usted se puede imaginar y Él lo creó para que usted tenga una relación eterna y abundante con Él.** El versículo más conocido de toda la Biblia es Juan 3:16 y habla del gran amor de Dios hacia usted. Jesús dijo: "Yo he venido para que tengan vida, y para que la tengan en abundancia" (Juan 10:10). Segunda Corintios 9:15 habla de que Dios quiere que tengamos "su don inefable" de amor y perdón mediante Jesucristo. Y Juan 17:3 define la vida eterna como el privilegio de conocer a Dios: tener una relación eterna y abundante con Él.

★ **Pero tenemos un problema horrible… nuestro pecado nos impide tener una relación con Dios.** El Antiguo y Nuevo Testamento de la Biblia nos dicen la misma cosa… nuestro pecado nos separa de Dios (Isaías 59:2 y Romanos 3:23) y nos hace enemigos de Dios (Romanos 5:10 y Colosenses 1:21).

★ **Afortunadamente, Jesús puede ponernos en buena relación con Dios.** En Juan 14:6 Jesús declaró su rol exclusivo y victorioso como el Salvador de la humanidad: "Yo soy el camino, y la verdad, y la vida; nadie viene al Padre, sino por mí".

★ **Podemos ser cambiados eternamente clamando a Dios en oración y arrepintiéndonos humildemente de nuestros pecados.** En el libro de Lucas, en el Nuevo Testamento, Jesús describe lo que se necesita para ser salvos de nuestros pecados: "Oh Dios, ten compasión de mí, porque soy un pecador" (Lucas 18:13, NTV). Arrepentirnos de nuestros pecados involucra rendir completamente nuestra vida a Cristo. Jesús dijo: "Si alguno quiere venir en pos de mí, niéguese a sí mismo, tome su cruz cada día, y sígame" (Lucas 9:23).

★ **Usted puede empezar una relación con Dios eterna y abundante y comenzar a experimentar la vida tal como Dios la diseñó con una oración inicial como esta:** Señor Jesús, reconozco que soy un pecador necesitando desesperadamente tu perdón. Por favor, perdona todos mis pecados y sé el Señor y Salvador de mi vida. Entrego a ti todo lo que soy y todo lo que tengo y te seguiré fielmente todos los días que me quedan de esta vida. ¡Amén!

La Biblia nos dice que "todo el que pertenece a Cristo se ha convertido en una persona nueva" (2 Corintios 5:17, NTV). Si usted le ha pedido a Jesús que perdone sus pecados y sea el Señor de su vida, usted ahora es 1) una persona nueva en Cristo, y 2) un miembro de la familia eterna de Dios (Juan 1:12).

Para crecer y madurar como cristiano: a) lea la Biblia todos los días; el Evangelio de Lucas es un muy buen lugar donde empezar; b) hable con Dios habitualmente mediante la oración; una conversación donde usted habla y también escucha; c) pida ser bautizado y participe plenamente como miembro de una iglesia que afirme el señorío de Jesucristo y la autoridad de la Biblia; d) cuéntele a todos del amor y el perdón de Dios demostrado a través de Jesucristo (Romanos 5:8).

Preguntas para discusión

1. ¿Qué parte de la historia de Jedidías le gustó más, y por qué?

2. ¿Con qué partes de la vida de Jedidías se identifica más? Explique.

3. ¿Cómo ha cambiado esta breve historia sus ideas acerca de la Navidad?

4. ¿Se parece más a Jedidías como era antes o después que Jesús lo cambió? Explique.

5. ¿Hubo algún momento cuando permitió que el desaliento, la incredulidad, la desilusión o la tragedia le hicieran estar amargado contra Dios? ¿Cómo lo superó?

6. Jedidías escribió en su diario: "SIEMPRE ore, confíe y espere en Él". ¿Es esto similar o diferente a su perspectiva de la vida?

7. Jedidías significa *amado del Señor*. ¿Siente que eso es verdad en su vida? ¿Por qué sí, o por qué no?

8. El nombre Salomón nos recuerda que la paz verdadera es vivir la vida tal como Dios la diseñó. ¿Cuán a menudo experimenta este tipo de paz? Explique.

9. Piense en los títulos y roles que describen a Jesús en Isaías 9:6: *Admirable, Consejero, Dios Fuerte, Padre Eterno, Príncipe de Paz.* ¿Cuáles le gustan más o necesita más en este momento?

10. ¿Le ha entregado su vida a Jesucristo como lo hizo Jedidías (página 49), o todavía está en el proceso de hacer ese compromiso?

Notas sobre la historia

Dado que la historia une hechos con ficción, presentamos estas notas para ayudar a guiar al lector. Esta sección ofrece claridad y perspectiva en cuanto a las referencias bíblicas hechas a través de la historia y se pueden usar para profundizar la lectura y el estudio.

El registro completo de lo que sucedió cuando nació Jesús se puede encontrar en los libros de Mateo y Lucas en el Nuevo Testamento. Recomiendo leer los primeros dos capítulos de ambos libros como parte de su tradición de Navidad.

El rey David tuvo muchos hijos. Pero Salomón fue el elegido para ser su sucesor. En 2 Samuel 12:24, 25 el profeta Natán lo llamó Jedidías porque Dios quería mandar un mensaje claro de que el niño y sus padres eran *amados de Jehová.*

En el tiempo de Jesús casi todos los oficios y las ocupaciones se pasaban de generación en generación, de modo que sería bastante natural que el hijo del mesonero se hiciera cargo del negocio familiar. Dado que la mayoría de los viajeros se hospedaban en hogares, el negocio del mesón era una vocación poco lucrativa porque típicamente significaba que brindaba hospedaje solo a los visitantes que no tenían familiares en la ciudad.

El imperio romano realizaba un censo cada catorce años aproximadamente, y se requería que todos los hombres regresaran a su ciudad de origen. El objetivo era asignar los impuestos y ubicar a los varones a quienes se les podía obligar a entrar en el servicio militar. Dado que los judíos estaban exentos del servicio militar, la atención de Roma sobre Israel era estrictamente monetaria. Este censo obligatorio significaba que la ciudad iba a estar llena en toda su capacidad y que el mesón no tendría ningún lugar disponible, tal como lo registra el evangelio de Lucas.

Es muy posible que el mesonero hubiera llegado al punto de estar exhausto. Sin embargo, su propensión a ser hospitalario pudo muy bien haberlo llevado a abrir su establo como una opción preferible antes de que la gente se tuviera que quedar en el patio o en la plaza de la ciudad.

Los detalles de aquella noche son muy importantes. Generalmente pensamos en un pesebre como un establo, pero en realidad los pesebres eran los abrevaderos donde comían los animales. Los pastores no eran respetados ni se les consideraba dignos de confianza. Los juzgados no aceptaban el testimonio de los pastores porque la gente los veía como poco honestos. Dios escogió a un grupo al que consideraban mentiroso para anunciar la verdad del nacimiento de Cristo; esto dice mucho acerca del amor y la gracia de Dios. Y nos recuerda que Dios no requiere condiciones perfectas para lograr sus planes. Es casi una ironía que el Creador hubiera venido a su creación bajo estas circunstancias.

En Mateo 2:1–15 se puede encontrar la información sobre los sabios de oriente. Probablemente su llegada no ocurrió hasta bastante tiempo después del nacimiento de Jesús. Esto explica por qué Herodes ordenó ejecutar a todos los niños varones de los dos años de edad para abajo.

El libro de Miqueas, en el Antiguo Testamento, habla de que el Mesías iba a nacer en Belén. Miqueas 5:2 dice: "Pero tú, Belén Efrata, pequeña para estar entre las familias de Judá, de ti me saldrá el que será Señor en Israel; y sus salidas son desde el principio, desde los días de la eternidad".

★

En el pasaje de Mateo 2:13–18, en el Nuevo Testamento, se registra la orden de Herodes de ejecutar a los niños de dos años para abajo en la ciudad de Belén y sus alrededores. El estimado de dos docenas de niños se basa en que la población de Belén era de unas 300 personas. No se conocen con certeza los detalles de cómo ocurrió esta terrible tragedia, pero bien puede haber sucedido tal como se la describe aquí.

El libro de Jeremías, en el Antiguo Testamento, predice este alboroto asesino de Herodes. Jeremías 31:15 afirma: "Voz fue oída en Ramá, llanto y lloro amargo; Raquel que lamenta por sus hijos, y no quiso ser consolada acerca de sus hijos, porque perecieron".

El rey Herodes fue un líder paranoico que acostumbraba a matar a cualquiera a quien él veía como una amenaza a su trono. De modo que su orden de exterminar a todos los bebés varones en Belén estaba acorde con su carácter despiadado. Un ángel le advirtió a José en un sueño de la intención de Herodes; de modo que tomó a María y al niño, y los llevó a Egipto para protegerlos (Mateo 2:13–15).

El significado detrás del nombre del hijo de Jedidías, Micaías, es tal como se describe. Micaías fue un verdadero profeta valiente que nunca se atemorizó de decir la verdad. Puede leer su historia de valentía en los siguientes dos libros del Antiguo Testamento: 1 Reyes 22 y 2 Crónicas 18.

El proceso de sepultar en la antigüedad era similar a lo que está escrito. Jedidías habría envuelto a su hijo en pañales así como envolvieron al bebé Jesús en pañales cuando nació. En el Nuevo Testamento, en el libro de Juan (19:38–42), donde se describe la sepultura de Jesús, se puede ver un ejemplo de este proceso. La correlación es significativa. Tanto Jesús como Micaías, el personaje ficticio del hijo de Jedidías, fueron envueltos en pañales cuando nacieron, y ambos fueron sepultados casi de la misma forma.

El dolor y la congoja de Jedidías lo llevaron a desilusionarse con Dios. Sintió una conexión inmediata con la esposa de Job quien le reprochó amargamente a su esposo por su gran pérdida demandándole: "¡Maldice a Dios, y muérete!" (Job 2:9). En los primeros capítulos del libro de Job (Job 1 y 2), en el Antiguo Testamento, se describen los horrores que enfrentó esta pareja.

Dado que la historia de Jedidías ocurre en Belén, todos los que vivían allí habrán recordado fácilmente la historia de Noemí. Ella fue una conocida residente del pasado antiguo debido a que fue la suegra de Rut, la bisabuela del rey David. Noemí sufrió la pérdida de su esposo y sus dos hijos mientras la familia vivía en la tierra de Moab. Cuando ella regresó a Belén como una viuda y madre acongojada les dijo a sus amigos y a sus parientes que la llamaran Mara, que significa amarga. En el libro de Rut, en el Antiguo Testamento, se pueden leer las palabras adoloridas de Noemí: "No me llaméis Noemí, sino llamadme Mara [que significa amarga]; porque en grande amargura me ha puesto el Todopoderoso" (Rut 1:20). Jedidías y su esposa, Rut, tuvieron el mismo sentimiento de amargura cuando perdieron a su único hijo.

★

El encuentro de Jedidías con Jesús en el mesón antes que Jesús fuera crucificado en Jerusalén no está en la Biblia. Fue escrito para comunicar cómo el poder de Cristo puede cambiar cualquier vida.

Tanto la crucifixión como la resurrección de Jesús son hechos históricos. Los primeros cuatro libros del Nuevo Testamento se llaman "Evangelios", lo que significa "buenas noticias". La crucifixión y la resurrección de Jesús son definitivamente buenas noticias para nosotros, y todos los cuatro Evangelios contienen relatos detallados de esos dos eventos eternamente importantes.

La Biblia se refiere repetidamente a la crucifixión y resurrección de Jesús porque son el mensaje central de las Escrituras. Puede leer el relato completo en los capítulos finales de cada Evangelio: Mateo 26–28; Marcos 14–16; Lucas 22–24 y Juan 18–21. Se pueden encontrar más detalles en los siguientes libros del Nuevo Testamento: Hechos 1:1–3; Romanos 1:4; 1 Corintios 15:1–58; Filipenses 2:5–11; 1 Pedro 2:24; Apocalipsis 1: 5 y 18.

La escena donde Jedidías se encuentra con los discípulos después de la resurrección de Jesús combina verdad con imaginación. Jedidías es un personaje ficticio pero los discípulos fueron hombres realmente cambiados después que Jesús volvió a la vida. Y luego ellos literalmente cambiaron el mundo.

El libro de Juan, en el Nuevo Testamento, detalla cómo Jesús se encontró con sus discípulos e invitó a Tomás, que tenía dudas, a que examinara las heridas en sus manos, sus pies y su costado. Ese encuentro cambió permanentemente a Tomás y erradicó sus dudas. Lea sobre esto en Juan 20:24–31. Es fácil de creer que los discípulos se llenaran de risa, tal como se sugiere en Lucas 24:41donde habla del "gozo que tenían" y de que "estaban asombrados".

El libro de 1 Corintios, en el Nuevo Testamento, dedica todo un capítulo a la resurrección histórica de Jesucristo (capítulo 15). En 1 Corintios 15:6 el apóstol Pablo escribe que Jesús fue visto por más de 500 de sus seguidores a la vez. Aunque Jedidías es un personaje ficticio, ese encuentro masivo con el Señor resucitado hace más de 2.000 años realmente ocurrió.

A lo largo de los siglos miles de millones de personas experimentaron el tipo de cambio que se describe que experimentó Jedidías. Cada persona transformada ha hecho lo que dice la historia que hizo Jedidías: se humillaron frente a Cristo y le reconocieron como Señor y Salvador. Después fueron bautizados y fueron miembros activos de una iglesia local que adora permanentemente a Cristo como el Único que puede salvarnos de nuestro pecado.

Varios siglos después de Cristo los creyentes comenzaron a construir templos. Hasta ese entonces los seguidores de Jesús adoraban en hogares. No debe ser extraño que un personaje como Jedidías usara su establo como un lugar donde se reunieran los cristianos para adorar a Jesús. En el siglo cuarto d. de J.C. se construyó un templo para marcar el lugar tradicional del nacimiento de Jesús; en el día de hoy se conoce ese templo en ese lugar como la Iglesia de la Natividad.

La referencia que Jedidías hace de Cristo como "Admirable, Consejero, Dios Fuerte, Padre Eterno, Príncipe de Paz" viene del libro de Isaías 9:6, en el Antiguo Testamento. Estos cinco títulos son una descripción hermosa de Jesús y su obra. Algunas traducciones de la Biblia no incluyen la coma entre "Admirable" y "Consejero" pero puede traducirse de ambas formas. Aquí se incluye la coma para revelar que Jesús es Admirable y que es un admirable Consejero.

El cambio transformador que se puede ver en Jedidías y su esposa es común entre los cristianos que buscan sinceramente a Dios con todo su corazón, toda su alma y toda su mente (Mateo 22: 37–40). Hay pocas cosas en la vida que duelen más que la pérdida de un hijo; sin embargo innumerables padres que han pasado por esa experiencia angustiosa pusieron su confianza en Cristo y descubrieron que la única cura para su amargura y su dolor se encuentra en Dios (2 Corintios 1: 3, 4).

La referencia que hace Jedidías respecto al rey David perdiendo a su hijo recién nacido se puede encontrar en el libro de 2 Samuel, en el Antiguo Testamento. Aquel bebé que le nació a Betsabé como resultado de una relación adúltera vivió solamente una semana. Después que el niño murió, David declaró: "Yo voy a él, mas él no volverá a mí" (2 Samuel 12:23). David comprendió que hay vida más allá de la tumba. Todo aquel que acepta a Cristo tiene la oportunidad de estar reunido en el cielo.

El golpe aplastante de David y Betsabé enterrando juntos a su primer hijo fue seguido por el nacimiento de Salomón. El profeta Natán le dio el nombre Jedidías y, aunque ese no fue el nombre que usaron sus padres, sirvió como un recordatorio poderoso del amor de Dios. En el libro de 2 Samuel, en el Antiguo Testamento, vemos que Jedidías significa *amado de Jehová* (2 Samuel 12:24, 25).

El otro nombre que recibió el hijo de David y Betsabé conlleva un significado igualmente importante. El nombre Salomón deriva de *shalom*, que se traduce como *paz*. Esta clase de paz significa mucho más que la ausencia de conflicto. *Shalom* significa *vida tal como Dios la diseñó*. Jesús vino a vivir, morir y resucitar para que nosotros pudiéramos tener una relación con él y experimentar la vida como él la diseñó: "una vida plena y abundante" (Juan 10:10, NTV).

Jedidías, el personaje ficticio, pasó gran parte de su vida hundido y lleno de amargura hacia Dios. Una vez que comprendió quién es realmente Jesús, el Hijo de Dios, este mesonero amargado se dio cuenta de que su dificultad no comprobaba nada acerca de Dios. Simplemente revelaba quién era él (y cómo somos todos nosotros) sin Dios. Debido a su relación con Cristo, Jedidías comprendió que podía tener paz y esperanza siempre, a pesar de las circunstancias (ver pág. 58).

Diario personal

En las páginas siguientes usted puede crear su propio diario personal. Cada vez que lea *El Diario del Mesonero* simplemente escriba algunas notas que le ayuden a recordar el escenario, quién estaba presente, y en qué le hizo pensar la historia.

Agradecimientos

Sin mi esposa Michelle este libro no existiría. Esta historia la escribí en 2017 para la culminación de una serie de sermones llamada *El Diario del Mesonero*. La Nochebuena de ese año ocurrió en domingo, y siempre tenemos un programa muy especial a la luz de las velas. Yo necesitaba algo diferente para que el culto de la mañana y el de la noche no fueran similares. Decidí hacer un monólogo y presentarlo usando vestimenta de la época, algo que había hecho solo dos veces antes en mis tres décadas de pastorado. Mi deseo era memorizar el guion, pero no conseguía hacerlo. A último momento decidí llevar conmigo mis notas y oré que no resultara en un completo desastre. No tenía planes de hacer un libro, simplemente esperaba salir de esto sin dañar demasiado la Nochebuena. Inmediatamente después del culto vino Michelle muy entusiasmada y me dijo: "Quiero que vuelvas a hacer esto para nuestros hijos mientras estén en casa para Navidad". Yo acababa de esquivar por un pelo un bulto, y no me podía imaginar tener que pasar por eso otra vez. Pero así fue; ella me hizo volver a cubrir mi cara con maquillaje marrón para que pareciera una barba, pararme junto a la hoguera del patio esa noche, y tratar de comunicar la historia a nuestros hijos adultos que pensaban que todo eso era tan raro como también lo pensaba yo. Sobreviví a esa experiencia y, de alguna manera, el aliento de mi esposa instiló un deseo dentro de mí de crear un libro que pudiera presentar un marco nuevo a lo que pensamos acerca de la Navidad. Michelle, tú eres realmente mi compañera ideal, y este libro no hubiera existido sin ti. Gracias por hacer que este viaje por la vida sea tan placentero. ¡Te amo!

El 24 de diciembre de 2017 la Iglesia Bautista Westgate Memorial fue la primera congregación que escuchó *El Diario del Mesonero*. Se mostraron entusiasmados y animados en cuanto a la presentación, pero ellos siempre son así de modo que eso no era un buen barómetro para medir los méritos de la obra. El doctor A. T. Robinson dijo cierta vez: "Una de las mejores pruebas de la inspiración de la Biblia es el haber resistido tantas predicaciones". La iglesia Westgate ha "resistido" dos décadas de mis predicaciones y me siguen amando. Me considero muy bendecido por eso. Es una iglesia increíble, con unos líderes maravillosos. ¡Gracias por permitirme ser su amigo y su pastor durante todos estos años! Los amo a todos ¡y gracias por escuchar!

Tanto Michelle como yo tenemos padres que nos enseñaron *shalom* mucho antes de que comprendiéramos lo que significaba. Los padres de Michelle, Loyd y Shirley Fannin, y mis padres, Al y

Martha McHenry, nos criaron en hogares cristianos donde aprendimos a amar a Dios desde una edad muy temprana. Estos dos matrimonios ayudaron a formar quiénes somos y lo que hemos podido hacer. Ellos nos introdujeron en esta vida ¡y muchas veces pensaron en sacarnos de esta vida! Ellos nos dieron lo que creemos que es *la vida tal como Dios la diseñó*. Gracias por darnos la vida, por guiarnos hacia la nueva vida mediante Jesucristo, y por amarnos como lo han hecho durante toda la vida. ¡Los amamos! Lamentablemente mi padre murió de manera inesperada el 8 de septiembre de 2018 mientras se imprimía la primera edición de este libro.

Recuerdo que hace unos años atrás escuché que me decían: "¡Oh, usted es el papá de Meagan y Myles!". Cuando mis hijos eran mucho más pequeños eran "los hijos de Michelle y Raymond" pero en algún punto del camino la identidad de ellos eclipsó a la nuestra. Y no hubiéramos querido que fuera de otra manera. Desde que ellos tienen memoria yo siempre les decía: "Te amo y estoy orgulloso de ti". Eso nunca cambió y nunca va a cambiar. Meagan ayudó a editar este libro mientras estaba trabajando para obtener su doctorado, y ofreció algunos puntos de vista muy buenos que mejoraron el resultado final. Myles dirige su propia empresa (pero todavía sigue pensando que su papá puede dar algunos buenos consejos), de modo que aprecio mucho su confianza en este libro. Ben, nuestro yerno, es una fuente de información; muy fácilmente podría trabajar como Consultor de Tecnología si no fuera pastor. Su ayuda con la tecnología fue invaluable. Gracias por haberte casado con mi hija y darnos nietos. Yo amo de verdad a cada uno de ustedes ¡y estoy orgulloso de todos ustedes!

Después que el huracán Harvey devastó nuestra zona en 2017, el doctor David O. Dykes nos invitó a Michelle y a mí a pasar unos días en Whistler junto con un grupo de su iglesia. Fue un hermoso regalo que nos brindó refresco y alivio de los desafíos diarios que resultaron de esa tormenta catastrófica. Mientras estábamos en Canadá le compartí acerca de un libro en el que estaba trabajando por varios años: *Relentless Pain: When the Hurt Won't Go Away* (Sufrimiento implacable: Cuando el dolor no quiere irse). Él me sugirió que me pusiera en contacto con su editora porque pensó que ella me podría ayudar también a mí. Ese fue un regalo maravilloso porque Mary Ann me acompañó durante todo el proceso y se ocupó de detalles que yo ni sabía que existían. En algún momento de enero de 2018 decidimos que primero había que publicar *El Diario del Mesonero* de modo que cuando terminemos *Relentless Pain* le voy a agradecer nuevamente. Todos tienen alguna idea para un libro, pero a menos que usted tenga a alguien como Mary Ann esa idea nunca va a terminar en la biblioteca. Fue idea de ella que este libro se hiciera a todo color. Yo creía que eso iba a ser muy caro de modo que mi idea era hacerlo en blanco y negro. Como dice ese refrán: "Si piensas que una mala idea es una buena idea, sigue siendo una mala idea". David, gracias por presentarme a Mary Ann.

Gracias, Mary Ann, por recibir mis limitadas ideas y transformarlas en algo mucho más útil.

Cada domingo me veo mucho mejor de lo que soy gracias a las presentaciones en pantalla que Matthew y Brittney Chandler crean para mis diferentes series de sermones. Cierto día Brittney encontró un dibujo de mí en su teléfono celular. Era una caricatura que había dibujado Matt, y realmente se parecía a mí, por lo menos a mi cara. Eso me asombró y me hizo conocer una faceta completamente nueva de Matt Chandler. De modo que le pedí que se me uniera en esta aventura experimental, y él con mucho gusto se subió al tren. En un principio Matt dibujó todo en blanco y negro porque yo cometí la tontería de pedirle que lo hiciera así. Pero después volvió a dibujar todas las figuras en color (recuerde el sabio consejo de Mary Ann que figura más arriba). Los dibujos de Matt hacen que este libro cobre vida. Él nunca había hecho un proyecto de este tipo, y esta era la primera vez que lo hacía usando el color. Además de eso, Matt dibujó todo en su tableta iPad. Creo que Apple le debería enviar una nueva iPad solo por la publicidad gratuita que él le está dando a la compañía. Matt: hiciste un gran trabajo y aprecio de veras tu disposición a poner ese giro de los mileniales a este libro de un viejo dinosaurio. Matt y Brittney son plantadores de iglesias que suplementan su ministerio a través de su empresa de diseño gráfico *MC Designs* (matthewbchandler@icloud.com) y ellos estarán gustosos de hacer que usted también se vea mejor.

Hace unos 20 años mi suegro dibujó la cubierta para este libro. Él es un químico jubilado que tiene un don especial para el arte. Ha hecho dibujos de todos en nuestra familia, incluyendo a nuestros dos perros. Cuando dibujó por primera vez el cuadro del nacimiento de Jesús en Belén, lo publicó en Internet. ¡Rápidamente su dibujo escaló hasta la cima de los resultados de la búsqueda de Google para esas imágenes! "Abuelo" siempre nos apoyó y alentó en cada una de nuestras nuevas aventuras, y ha visto flotar varias ideas tontas de parte su yerno. Es un gran honor que su obra de arte sirva como la cubierta de este libro. Gracias por aceptar que me casara con su hija. Eso ha hecho toda la diferencia en mi vida.

Escribir algo que una la verdad bíblica con la ficción es un poco incómodo y puede mellar la confianza. En la lectura de *The Innkeeper* (El Mesonero), escrito por John Piper, y *The Myth and the Manger* (El Mito y el Pesebre), escrito por Jim Denison, encontré afirmación para lo que estaba tratando de hacer. Estoy en deuda con estos grandes pensadores; ellos son unos líderes cristianos muy estimados. Gracias porque, sin ustedes saberlo, me dieron la confianza para continuar mi odisea de crear *El Diario del Mesonero*.

Esta lista de agradecimientos no estaría completa sin una referencia a Aquel para quien está escrito este libro. Sin Jesucristo todos estamos sin ayuda y sin esperanza, pero con él podemos estar seguros y a salvo. Él vino realmente a darnos la vida tal como Dios la diseñó, y yo le voy a estar eternamente agradecido por haberlo hecho. La meta de mi vida es *amar a Dios completamente y animar a otros a hacer lo mismo* (vea Mateo 22:37–40). Para eso, por favor lea *Cómo experimentar la vida tal como Dios la diseñó* en la página 58. Espero que usted haga lo que yo hice y le reconozca como Señor y Salvador.

P. D. Si usted desea escuchar el audiomensaje original (en inglés) de *El Diario del Mesonero* tal como fue presentado originalmente en Westgate Memorial Baptist Church el 24 de diciembre de 2017, vaya a **WestgateChurch.com**.

Acerca del autor

Ilustrado por Matthew Chandler

Raymond McHenry nació en Texas y se crió en Arizona. Se graduó de la escuela secundaria Buena High School en Sierra Vista, Arizona, y de la universidad Grand Canyon College en Phoenix. Luego estudió en el seminario Southwestern Baptist Theological Seminary donde obtuvo dos títulos: Maestría en Divinidades y Doctorado en Ministerio. Ha sido pastor por más de treinta años en las siguientes iglesias: Gulf Meadows Baptist Church en Houston, Texas, (1987–1998) y Westgate Memorial Baptist Church en Beaumont, Texas, (1998 hasta la fecha). En 1991 fundó *In Other Words* (En Otras Palabras), un programa para los líderes cristianos que les brinda humor, datos, citas e historias verídicas interesantes tomadas de los sucesos corrientes y los titulares de noticias. Visite **iows.net**.

Raymond conoció a Michelle Fannin cuando ambos estudiaban en el seminario, y se casaron en 1986. Les gusta caminar juntos, hacer ejercicios diariamente, escalar, leer, esquiar, jugar al golf, ir a la playa y a las montañas, comer en Chick-fil-A, Carmela's, Pappadeaux y Carrabba's, y buscar *shalom*. Tienen dos hijos adultos, un yerno, dos nietas hermosas y un perro juguetón.

Made in the USA
Coppell, TX
18 December 2024

43021841R00045